शायद

[कविता-संग्रह]

शायद

सुधीर रंजन सिंह

राजकमल प्रकाशन

ISBN : 978-93-88183-56-7

मूल्य : ₹295

पहला संस्करण : 2018

प्रकाशक : राजकमल प्रकाशन प्रा. लि.
1-बी, नेताजी सुभाष मार्ग, दरियागंज
नई दिल्ली-110 002

शाखाएँ : अशोक राजपथ, साइंस कॉलेज के सामने, पटना-800 006
पहली मंज़िल, दरबारी बिल्डिंग, महात्मा गांधी मार्ग, इलाहाबाद-211 001
36 ए, शेक्सपियर सरणी, कोलकाता-700 017

वेबसाइट : www.rajkamalprakashan.com
ई-मेल : info@rajkamalprakashan.com

मुद्रक : बी.के. ऑफसेट
नवीन शाहदरा, दिल्ली-110 032

SHAYAD
Poems by Sudhir Ranjan Singh

पिता की स्मृति में

महेन्द्र सुमन, सियाराम शर्मा, गोबिन्द प्रसाद, दुर्गाप्रसाद गुप्त,
सविता भार्गव, पुनीता जैन और सौरभ राय
के लिए

अनुक्रम

शायद

अनुभूतियाँ

पथरीली पंक्तियों में फँसा
रेतीला शब्द हूँ
शब्द में फैला नदी का किनारा
और दूर—
नशे में झूमती नाव हूँ

भीगा हुआ काठ
और उसके भीतर
घना जंगल हूँ
पहाड़ियों की श्ृंखला
और उसमें छुपी
लम्बी गुफा हूँ

पुराने अँधकार में
पानी की चमक
और टप-टप
ध्वनि हूँ

मधुमक्खियों के डंक जैसा
अनुभव, और
शहद जैसी स्मृति हूँ

मिट्टी पर बारिश के छींटों से
उठने वाली ताज़ा
महक हूँ

हर चीज़ में
दूसरी चीज़, और
दूसरा जनम हूँ।

जंगल

जहाज है जंगल
और उसके डेक पर
मैं खड़ा हूँ

पैदल चलते हुए समुद्र पर
लकड़ी और पत्ते चुन रहा हूँ
लहरों पर सवार इस जंगल में
मछलियाँ पकड़ रहा हूँ
और चिड़िया जैसे शब्दों में
काग़ज़ ढूँढ़ रहा हूँ

काग़ज़ के आरपार
झाँक रहा हूँ—
नदियों की खिड़की से
समुद्र के दरवाज़े से
और जंगल के मौन से

किसी एक चीज़ में
दूसरी चीज़ की सम्भावना खोजते हुए
मैं भटक गया हूँ

जंगल से समुद्र तक
मैं भटक गया हूँ

अँधेरे में
किसी पेड़ की मोटी टहनी की बजाय
पृथ्वी की बाँहें टटोल रहा हूँ।

परछाईं

निस्संग, ख़ाली समय में
मैं जो नहीं कर पा रहा था
परछाईं कर रही थी
कहा उसने—
'सोने क्यों नहीं जाते
चलो बिस्तर पर
मैं तुम्हारे भीतर
मँडराऊँगी।'
मैंने उसे छूने की कोशिश की
वह हँसने लगी—
'नहीं तुम मुझ में प्रवेश नहीं कर सकते
पीछे हटो, ज़रा जगह दो
कि फैल सकूँ
जगह दो :
जगह नहीं देने की आदत ने
तुम्हें अकेला किया है।'

मैं पीछे हटा
और हटता ही गया
जंगल की दिशा में
और एक जगह खड़ा होकर देखा

मेरी परछाईं
एक पेड़ से चिपकी हुई है।

पेड़ की जगह
अब मैं था।

मैं मांस और हड्डी का नहीं था
मैं लकड़ी था, और
वह पत्थर भी
किनारे पेड़ के
जो पड़ा था।

मुझे काटा जा सकता था
मुझे पटक कर तोड़ा जा सकता था
फिर भी—
पेड़ का जीवन मुझे छू रहा था
पत्थर की ठसक मुझे भा रही थी
वहीं, उसी पत्थर पर
मैं बैठ गया
और मेरी परछाईं
पेड़ की जड़ों में समा गई।

मन की बात

ईश्वर से कुछ कहना चाहा
ईश्वर ने कहा
क्या जल्दी है
मन में रखो

ईश्वर सर्वज्ञाता है
चलो पानी से कहकर देखते हैं
पानी ने कहा बहुत गरमी है
और कल कल कह कर बह गया

कल पर छोड़ना ठीक नहीं
चलकर पेड़ से कहें, शायद सुन ले
पेड़ को कुर्सी और मेज़ बन जाने की
चिन्ता सता रही थी
उसने चिड़िया की ओर इशारा किया

चिड़िया से कहा
चिड़िया, सुनो अच्छी चिड़िया
उसने सुना-अनसुना किया
और मुझे बहेलिया बताकर
फुर्र उड़ गई

कौन सुने
किसके मन की बात
सब संकट के मारे थे
और ईश्वर अब हत्यारों का नायक था।

समरथा डैम

बहुत छोटा है
इसमें छोटेपन की सुन्दरता है

पानी है, और पानी का दबाव
आकर्षण है...
लंगूर और थोड़े-से
मोर हैं

मैंने सोचा
इसमें एक छोटी-सी नाव होनी चाहिए
नाव में मेरे साथ और कौन होगा
सोचने का वक़्त नहीं निकाल पाया

जैसे जैसे मैं आगे बढ़ता गया
लंगूर भागते गए
डालों पर छलाँग लगाते हुए

छतरीनुमा छोटे से रिज़ॉट की किनारी पर
मैं अपनी अस्थिर मति को थामे
बैठ गया

कुछ पेड़ पानी में
धँसे हुए हैं
इस तरह औरों से
अधिक हरे हुए हैं

नन्ही चिड़िया
अभी जो छरहरी डाली पर
बैठी थी
पानी को छू
फुर्र हो गई

तभी लगभग उसी जगह
एक सूखा पत्ता भी
टपका

एक तितली
मेरी ओर उड़ती चली आई
लगभग मेरी नाक तक

मैं लौट रहा था जैसे जैसे
लंगूर वापस चले आ रहे थे

कुछ समय पहले जो मैंने सोचा था
पानी में एक छोटी सी नाव होनी चाहिए
वह ख़याल मैंने दिमाग़ से निकाल दिया है
और यह अच्छा ही हुआ
नहीं सोच पाया था
नाव पर मेरे साथ और कौन होगा।

चिड़िया के बहाने

बीजू आम के बराबर चिड़िया
वल्लरी पर बैठी
तिनके जैसी चोंच से कर रही थी
चींचीं

वल्लरी पेड़ से लिपटी हुई थी
और चिड़िया जैसे जुड़ी हुई थी
वल्लरी से

पेड़ पृथ्वी में गहरा
धँसा हुआ था

चिड़िया की चींचीं में
वल्लरी पेड़
और पृथ्वी...

पृथ्वी का जो प्राचीनतम अणु बराबर अंश
चिड़िया में बचा हुआ था
अपने मूल से जा चिपका था

चिड़िया के बहाने
यह मेरा अपना अनुभव था।

शायद

अभी जो सो कर उठा था
कभी न सोया हो
शायद

सोया भी हो किसी रात
गिनता होगा नींद में
अपने पके बाल

सीढ़ियों से तब
उतरती होगी
उसकी स्वर्गवासी पत्नी

जो मूर्तिकार नहीं था
उसे मूर्तिकार नहीं होने का तब
दुख होता होगा
जो कवि नहीं था
उसे कवि नहीं होने का तब
दुख होता होगा

संसार में
संसार न पाने का
दुख होता होगा...

रात उसकी आँखों में थी
और वह कहीं के लिए
निकल पड़ा

अभी जो गया यहाँ से
उसकी जगह पर
एक ख़ाली जगह थी

नींद में
वह बेघर था
शायद

जो गया यहाँ से
कहीं नहीं गया
शायद

एक दिन उसकी हँसी सुनाई देगी
एक दिन उसका दुख दिखाई देगा

एक दिन
दिखाई देगा वह
मृत्यु की अगल-बगल
नशे में झूमता हुआ

जागती जैसे हवा है
जागना उसका
बचा है
शायद।

दिवंगत की तसवीर के सम्मान में

दीवार पर बड़े फ़ोटो फ्रेम से
वृद्ध मगर ज़रा उदात्त चेहरा
झाँक रहा है
कोने में त्रिकोणी काष्ट पर
अधजली अगरबत्ती और उसका
थोड़ा-सा राख
बिखरा हुआ है
अनस्तित्व की जिसमें
गन्ध है

चेहरे को छोड़कर बाक़ी देह छुपी हुई है
जैसे बूढ़े के कई औरतों से ताल्लुकात
परिवार से और पास के समाज से
छुपे रहे

बातें जो छुप नहीं सकीं
मृत्यु ने उन्हें छुपा दिया है
शायद

दिव्य है मृत्यु—
लम्बी बीमारी के बाद

एक आखरी तड़प उठी थी
जो एक पोर्ट्रेट में ढल गई है

चाय पीते और ठहाका लगाते हुए
मेरी नज़र जब इस पोर्ट्रेट पर गई
एक क्षण के लिए मुझे भ्रम हुआ
बुड्ढा सुन तो नहीं रहा है
और मैं चुप हो गया
जैसे दुनिया ठहर गई हो

किसी दिवंगत की तसवीर के सम्मान में
चुप हो जाना
ख़ुद के चेहरे पर
मृत्यु की जीत तो नहीं दर्ज करना है—
पोर्ट्रेट में ढलने जैसा

चाय की प्याली से उठती हुई भाप के सामने
कपड़ों से ढँकी अपनी देह को
टटोलते हुए
मैं कुछ फुसफुसाता हूँ—
शायद भाप! शायद भाषा!
शायद आत्मा! शायद!

सुबह

नल से पानी रिस रहा है
इसकी मरम्मत की ज़रूरत है
अलगनी पर कपड़े गिले हो गए हैं
ओस से
बाक़ी तो ठीक है, अन्तर्वस्त्र को
नहाने से पहले सुखाना होगा
शीशी में दवाई आज भर के लिए है
कितने तो काम हैं आज
बेटी को आठ बजे स्टेशन लिवाने जाना है
दफ़्तर दौड़ के ही पहुँच पाऊँगा

हाथ में अख़बार है
दिमाग़ में और ही ख़बरें चल रही हैं
अच्छा इतना ही है कि पौधों में पानी देने का काम
आयकर की छूट की सीमा बढ़ने की संभावना वाली ख़बर से
अच्छा लग रहा है

थोड़ा-सा अच्छा लगने से क्या होता है
इस सुबह ने तो दिन भर की मुसीबतें
माथे पर डाल दी हैं

फँसाने का काम
कोई सुबह से सीखे

कई खिचखिच और टंटे...
कुछ ऐसा-वैसा हुआ
इस सुबह नाम की चीज़ के
परखच्चे उड़ा दूँगा

उड़ाने को तो उड़ा सकता हूँ
इसके पूरे वजूद को
दिन बीतने तक सोया रहकर
और दिखा सकता हूँ
सुबह के प्रशस्ति गायकों को ठेंगा
लेकिन ऐसी ऐंठ दिखाने से अच्छा है
ट्रैफिक में फँसा रहूँ
यहाँ-वहाँ धक्के खाऊँ
अच्छा है कि अधिकारियों के क्रोध का सामना करूँ
बजाय कि दारू पी दिन गुजारूँ
और आज तो दिन ख़ास है
बेटी को स्टेशन लिवाने जाना है।

संसार है

संसार है
कहते हैं वास्तविक है
वास्तविक में से
कुछ चीज़ें अधिक वास्तविक हैं

मेरा घर
वास्तविक है
और घर में मेरी पत्नी
अधिक वास्तविक

संसार है
इसमें प्रवेश के लिए
दरवाज़े इसके आप-से-आप खुलते हैं
आप-से-आप इसमें आकृतियाँ बनती हैं—
शेर की हाथी की हिरण की चिड़ियों की...
शेर हिरण का शिकार करता है
लेकिन मैना और तरुपिक के लिए
भला प्राणी है...

खा-पीकर मस्त शेर
अलसाया धूप सेंक रहा है

उसके खुले जबड़े के पास
बैठी मैना
उसके दाँतों में फँसे मांस के रेशों को
कुरेदकर खा रही है, और
शेर खुजली भरी गुदगुदी से
आँखें मिचमिचा रहा है
मूँछों के कम्पन देखने के
क़ाबिल हैं

संसार है
कहते हैं यह वास्तविक नहीं है
जो है वह वास्तव में नहीं है
और जा नहीं है उसकी प्रतीक्षा में
सारा काम चल रहा है
कुछ बातें रोज़-रोज़ घट रही हैं

इसलिए उनके वास्तविक होने का भी
कोई मतलब नहीं है
कुछ बातें दुबारा कभी नहीं घटीं
इसलिए वे भी बेमतलब हैं
और कुछ बातें ऐसी बदली हैं—
जैसे दोस्ती शत्रुता में बदलती है—
कि उनके होने का और भी मतलब नहीं है

संसार है
कुछ तो यहाँ करना पड़ता है...
कुछ नहीं तो
किसी पेड़ या पत्थर से बातें करता हूँ
मैना से दाँत खोदवाते शेर को याद करके
खुजली भरी गुदगुदी का अनुभव करता हूँ...

संसार है—
इन्हीं बातों में
इसका आरपार है।

साथ सोने की बात

माँ के साथ चिपट-चिमट
सोने की स्मृति...
अदृश्य चौखटे में
जड़ा हुआ—
सेल्फ पोर्ट्रेट

लौटूँगा—
दिलासा आज भी
बनी हुई

भाइयों के साथ सोना
बचपन में—
बिस्तर पर धड़ाम और
उठापटक—
जीने का उसने बढ़िया
गद्य दिया

साथ सोने की इस बात को
जोड़ना चाहता हूँ
बाल-सखाओं की स्मृति से...
कौन मरा कौन जीवित, आज

पता नहीं...
कोई गीत
गाए जाने के बाद
गाया ही जा रहा है
रात्रि के मौन में...

बड़ा होकर बड़े शहर
पढ़ने गया
आदत थी साथ सोने की
इसलिए—
राजनीति में पड़ा

राजनीति
विकल्प है
साथ सोने की आदत का...
स्वप्नविहीन होने से
इसी ने बचाया है...

नारों से थककर
फेंक बौद्धिकता के
ओढ़ने को, दिल पसार
जब भी सोया
किसी साथी के साथ
पैर पर पैर चढ़ाते हुए
नींद में अनुभव किया
वर्ग संघर्ष
समाप्त!

स्त्री के साथ सोने की स्मृति...
धुँधली...

स्पर्श की अनुभूति के सिवाय
कर नहीं सकता याद
किसी उपमा के सहारे
होंठ या आँखों को...

रोमों में, बस
रात बसी हुई है
सो रहा मैं पलक उघार।

'बैठना' क्रिया के अभिप्राय

माँ को दुख है
घर में लड़की बैठी है

पिता को ग़ुस्सा है
लड़का बैठा रहता है

दोस्त कहता है
बैठोगे नहीं

शराबी बोलता है
तुम्हारे साथ बैठते हैं

मुसाफ़िर ज़रा सरक कर कहता है
आइए बैठिए

वेश्या पूछती है
बैठोगे

शासक उँगली से इशारा करता है
बैठ जाओ।

पार जीवन के

पार जीवन के
भाषा मैं
मौन

जीवन भर
जिसे पुकारा—
कौन?

दृश्य में अदृश्य

दो दृष्टिहीन
सड़क के किनारे आगे-पीछे
चल रहे थे

अँधेरा चल रहा था

अँधेरे के पीछे
अँधेरे की परछाईं
चल रही थी

दो दृष्टिहीन
दृश्य में अदृश्य की रचना करते
चल रहे थे।

यहाँ से गुज़रते हुए

मालगाड़ी का एक डब्बा
पटरी किनारे गड्ढे में
औंधा, धूप सेंक रहा है

काश कुछ हो सकता इसका
कोई क्रेन नहीं जो इसे उठाए
कोई ट्रेन नहीं जुड़कर जिससे
यह काम पर लग जाए

खो दिया है
पटरी से इसने रिश्ता
किसी काम का नहीं
जल्दी गल गलाकर
आकाश हवा पानी और मिट्टी में
मिलने वाला भी नहीं

जहाँ है
वहाँ की धरती पर
एक बोझ है

यहाँ से गुज़रते हुए
बस इसे हम देख सकते हैं
पटरी से उतरे हुए लोगों के
स्मारक के रूप में।

सड़क किनारे के मैकेनिक

स्कूल का मुँह नहीं देखा है
घर के आँगन में भागमभाग का खेल खेलने के दिनों में
उस्ताद की आवाज़ पर दौड़ लगाना सीखा है
पकड़ना कैसे हथौड़ा और प्लायर है
यह इल्म जानने के लिए खाने पड़े हैं
बेहिसाब मुक्के और तमाचे
प्लायर जैसी चिकोटियों से न जाने कितनी बार
लाल हुए हैं गाल

जो भी हो, इन्हीं के दम पर
अनजान रास्ते पर अपनी गाड़ी से सफ़र का
कर पाते हैं लोग साहस
और इनके साहस की तो बात मत कीजिए
अगर बस चले तो लड़ाकू विमान का इंजन खोल डालें
और अगर मौक़ा दें अल्ला मियाँ
आसमानी रास्तों पर भी गराज डाल दें

जब मैं हच-हच धच-धच करती गाड़ी को लेकर
एक कस्बाई गराज में गया
उस्ताद कहीं ट्रायल लेने गए थे
शागिर्द ने मेरी गाड़ी का मुआयना करते हुए कहा—
मैं ताज्जुब कर रिया हूँ

गाड़ी चलकर यहाँ तक आई कैसे
लेकिन कोई फिकर नहीं
उस्ताद के हाथों में जादू है
गाड़ी में जान फूँक देते हैं

गाड़ी में जान फूँकने का तरीका ख़ूब था
कहीं दो-चार हथौड़ा बजाया
कहीं कोई रब्बर का टुकड़ा फँसा दिया
इधर-उधर कुछ कसा-कसी कर दी
और गाड़ी भनभना कर चलने लगी

रास्ते भर मैं उस्ताद की जुबान के बारे में सोचता रहा
तुलना की जा सकती थी जिसकी नट-बोल्ट खोलने वाले
प्लायर और पाना से

साहब आपके क्रास में बेंड है
इंजन उचक आई है ऊपर
दो-चार रपाटे लगाकर ठीक कर देता हूँ
मस्त चलेगी

गाड़ियों का जटिल मैकनिज़्म होता है
होती है इन्हें उसकी बहुत मामूली समझ
लेकिन जुगाड़ के कारख़ाने से लाकर इल्म
फूँक देते हैं जान

इन्होंने स्कूल का मुँह नहीं देखा है
किसी सिस्टम का सिस्टम से नहीं किया है अध्ययन
शायद यही इनकी ताक़त है
जिसके भरोसे हम क्लच दबाते हैं गेयर बदलते हैं
एक्सलेटर पर दबाते हैं पाँव
और कहीं के लिए निकल पड़ते हैं।

दर्ज़ी

देह
उनके लिए एक साँचा है
जिसकी नाप लेकर दूसरी देह की रचना करते हैं
मढ़कर हम जिसे अपनी देह पर
आदमी बन जाते हैं

उनकी रची माया है
जिससे हम सभ्य और सुन्दर हैं

आईने में
हम अपना चेहरा और जुल्फें ही नहीं देखते हैं
उनकी बनाई कमीज़ पर भी नज़र दौड़ाते हैं
ज़रूरत पड़ने पर ठीक करते हैं कालर
और मन मुताबिक ऊपर के बटन को
खोलते या बन्द करते हुए
मुस्कुराते हैं

हमारी ज़िन्दगी में जितनी मुस्कानें हैं
उनमें थोड़ी उनकी भी दी हुई हैं

जब हमारे कपड़े पुराने पड़ जाते हैं
या कहीं-कहीं से उधड़ने फटने लगते हैं
हमें तेज़ी से उनकी याद आने लगती है

जब झोली में लेकर कपड़े
हम उनके सामने खड़े हो जाते हैं
वे टेप फीता लेकर हमारी देह पर झुकते हैं
और लिखते जाते हैं
कमर चौंतीस लेंथ चालीस
सीना छत्तीस...

ज़ोर देकर हम उन्हें समझाते हैं
ऐसी फिटिंग चाहिए
क्रास जेब बनाएँ और साथ में
मोबाइल रखने की जेब चिपकाएँ
और हाँ कालर में अपना टैग बिल्कुल मत डालें
गर्दन में चुभता है

हमारी हिदायत के मुताबिक
वे चित्र खींच देते हैं
बिल बुक पर

वे मास्टर कहलाते हैं
देह की नाप और पोशाकों के
मास्टर

उनमें एक बड़ी ख़राबी है
लाख हिदायत के बावजूद
डिलिवरी समय पर नहीं देते
दो-दो तीन-तीन बार लौटाते हैं

लेकिन क्या करें
सबको जल्दी रहती है
किसी को दो दिन बाद अटेंड करनी है शादी
कल ही किसी की मौखिक परीक्षा है

शादी-ब्याह के दिनों में रहती है
उनकी चाँदी
लेकिन सुई-धागे में उलझ कर
अँधिया जाती हैं आँखें
सिलाई मशीन को घिरनी की तरह नचाते हुए
वे पसीना-पसीना होते हैं

कभी सूँघ कर देखा है आपने
अपनी नई पतलून और कमीज़ को
जो आपकी देह के स्पर्श से पहले
पी चुके होते हैं उनकी देह का पसीना!

स्त्री पर अधूरा निबन्ध

वह मादा है और उसे स्त्री कहा जाता है
जैसे एक ख़ास पालतू और दुधारू प्राणी को
गाय

अपने देश की जो कथित राष्ट्रभाषा है
उसमें दुनिया की सभी चीज़ें
दो भागों में बँटी हैं
और उनमें से लगभग आधी
स्त्री हैं

समस्या
चीज़ों के साथ नहीं
हाड़मांस वाली उस स्त्री के साथ है
पाई जाती है जो
सभी घर-परिवारों में
परिवार का अर्थ ही है
उसका होना
लेकिन सच्चा अर्थ
उसके दब-छुप कर होने में है

जहाँ वह होती है
सचमुच वहाँ नहीं होती
कवियों ने अक्सर उसे भटकते देखा है
बिना जहाज और सड़क वाली जगहों पर

कहीं भी वह होती है
उसकी साँसें सुनाई पड़ती हैं
घर के ही किसी कोने में

रात की दरारों में
झिंगुर देता है जैसे सुनाई
अपनी करवटों में
वह ख़ुद को सुनती है

प्रतिध्वनियों के आवरण में
वह घिरती रहती है निरन्तर

हालाँकि मामला इतना मधुर और
शान्त नहीं है
उसमें मादकता से अधिक
जीवन का ज़हर है

होशियार! जिसने भी रोका
उसका रास्ता
वह उसी के आगे दीवार बन गई

दीवार
जिसमें कोई द्वार नहीं

इस निबन्ध के भी
आगे बढ़ने का रास्ता
बन्द है

मेरी नासमझी समझिए
लिखना चाहा इसे
स्त्रियों की इज़ाजत के बिना

क्षमा करना
देवि!

गायें

बारिश के बाद सड़क पर
आकर जम गई थीं गायें
किसी औचित्य और मर्यादा से
उदासीन

याद आईं
वे बूढ़ पुरखिनें
बरामदे में जो खाटें जमा लेती हैं
इस ताब से—
हटाकर बताओ

ये गायें थीं बीच सड़क पर
हिलाते हुए जानवर की आख़िरी निशानी
पूँछ को, सविनय अवज्ञा आन्दोलन में—
गुज़रनेवालो! हमें बख़्शें
जायें अपने घर और गाय पर
बच्चों से लेख लिखने के लिए कहें
ख्वाब में चौपाया बनकर
देखने की कोशिश करें
सड़क बैठने की कितनी बढ़िया जगह हो सकती है

आख़िर लुटे-पिटे आदमियों का भी तो
यही ठिकाना है

देर तक भीगने के बाद
अपनी बन्द आँखों में
छुप कर सो रहे चरवाहों की नींद के पास
धवल मेघों की तरह
वे भटक रही थीं

क्या यह वही सड़क थी
हज़ारों साल पुरानी, और
ज़माने के हिसाब से बहुत कँटीली
गुज़रते हुए जिस पर से, कहते हैं
गायों के झुंड के साथ
पुरखे आये थे

पूँछ हिलाती हुई ये गायें
अपनी अवसता में, शायद
याद कर रही थीं
पुरखों की उस हाँक को
जिसे भूलने का मतलब था
पृथ्वी बाँझ थन है

मील-पत्थर की तरह
सड़क पर ये गायें...
दो सींगों के बीच इनके
आसमान छूती
आसान-सी दूरी है
धीरे चलें।

दुर्घटना

आदत है सुबह-सुबह अख़बार उठाने की
और अख़बार की आदत है दुर्घटनाओं को
सिर पर उठाने की
हालाँकि बुरी ख़बरों से बाक़ी पन्ने
कम बेहाल नहीं रहते

बुरी ख़बरों के बीच
कुछ अच्छी ख़बरें निकल आती हैं
जैसे बड़ी-से-बड़ी दुर्घटना में भी
कुछ लोग ज़िन्दा निकल आते हैं

हालाँकि ज़िन्दा निकल आना
कम बड़ी दुर्घटना नहीं है
न हों अगर हाथ-पैर सलामत
और बचे न रोने वाला कोई

दुर्घटनाओं में कई बातें होती हैं
किसी में सब ढहता-गिरता दिखाई पड़ सकता है
पड़ सकती है किसी में सिर्फ़ सुनाई
चीत्कार हृदय की

कुछ दुर्घटनाएँ अच्छी हो सकती हैं
लेकिन वे मानने पर निर्भर करती हैं
और घटती भी हैं मुश्किल से

एक बात साफ़ है
जैसी भी हो दुर्घटना
आँखें खुली रखो या बन्द
नहीं बचा जा सकता
देखने से उसे

दुर्घटनाओं से
डरने से ज़रूर बचा जाना चाहिए
और क्या है
झेलो किसी बड़ी दुर्घटना की
कड़ी मार
बदल दे वही शायद
यह ऊसर जीवन

बहरहाल, बचना चाहिए उस दुर्घटना से
घटती है जो धीरे-धीरे
घट रहा है जैसे कविता में
असली अनुभव।

उच्छेदन

लाल का अर्थ नहीं बचा
हरा ज़रा-सा ज़मीन पर बचा
अमृत जैसी सफ़ेदी आँखों में
अब बहुत नहीं बची
रंग लेकिन कम हुए नहीं

रोटी का रंग
कहीं घुसा
फूलों के रंग और कहीं
उतर गए

रंगों के अर्थ
बदल गए
रंगों की जगह
बदल गई

कुछ दब गए
कुछ थे फिसल गए

हरे की पवित्रता को
कम ही कोई थाम सका

नीले की गहराई में
ज़्यादा नहीं कोई झाँक सका

रंग कम हुए नहीं
रंग लेकिन रहे नहीं।

आत्मस्वीकृति

बिना दम्भ के
मुझे बोलना नहीं आता था
मैं एक ऐसी आवाज़ पैदा करना सीख गया था
दूसरे जिसे सुनकर हामी भर दें
बाद में चाहे मेरी बुराई में
मेरी तरक्की रोक दें

बिना ज्ञान के
मुझे हँसना नहीं आता था
मैं एक ऐसी हँसी हँसना सीख गया था
दूसरों की जो बात काटने के लिए होती है
कटी हुई बात, जैसे कटा हुआ सिर लेकर
लोग मेरे पास से लौटते थे

बिना किसी ग़लती और भूल के
मैं कोई काम नहीं कर सकता था
यह बात दूसरों की नज़र में
तारीफ़ के क़ाबिल थी
लोग मुझे माफ़ कर देते थे
इस तरह आगे के लिए
लोग मुझे भूल जाते थे।

मरने की ख़बर

मरने की ख़बर थी अख़बार में :
नहीं रहे, कवि और नाटककार थे
पिछले डेढ़ साल से बीमार थे
मरे आज, बासठ के थे
कुछ फ़ोटो हैं
देखें पृष्ठ आठ पर
बचपन से साठ तक...
मंच-प्रस्तुतियों के भी
कुछ फ़ोटो हैं

बिना रिहर्सल के
नाटक कैसे खेला गया मरने तक
किस अप्रकट विकट समय में
जीवन कैसे जिया गया
इन्सानियत और दोस्ती के दावों के बावजूद
कैसे बर्बरता के पक्ष में जाना पड़ा...

कितने पुरस्कार मिले
और जो मिलना है मरणोपरान्त
उसे छापने की आड़ में
बाक़ी ख़बरों को दबाने का
कौशल छुपा था।

इस शहर में

शाम पेड़ों की बगल से गुज़रते हुए
किसी दोस्त के घर की ओर मुड़ जाता था
थोड़ा चौंकता था देखकर, दोस्त को
किसी अनजान आदमी के साथ बैठा
थोड़ी हिचकिचाहट होती थी उससे पहचान बनाने में
लेकिन तब इतनी भरोसे की चीज़ होती थी गप्पबाज़ी
कि एक नए आदमी के साथ भी अपनी गाड़ी निकल पड़ती थी
दोस्तों के नाम और पते की फ़ेहरिस्त में
उसे शामिल करने में नहीं लगती थी देर

रहते थे दोस्त उस समय
सरकारी या किराए के मकानों में
बहुत कम था अपना उनके पास
और इसी बात ने अपनापे का राज्य
क़ायम किया था

नहीं के बराबर जमती थी जिससे
रेस्तराँ में अगर वह अचानक प्रकट हो जाता
बन जाता था मज़े में चाय का साथी
बकझक का अपना मज़ा होता था

रेस्तराँ में अब और ही लोग घुस गए हैं
दोस्तों के बन गए हैं अपने अपने मकान
जिसमें रहते हैं वह मगन
सबके अब हैं स्थायी
दोस्त और दुश्मन

साथी
यह तो होना था
इस बीच कितनी बदली है
देश दुनिया की राजनीति!

ऐसे कई इलाक़े थे

यहीं पास में हुआ करता था मेरा घर
और मैं रोज़ यहाँ आया करता था
काम पर

अभी मैं गुज़रा हूँ जिस गलियारे से
वहाँ कोई पहचानने वाला नहीं मिला
कुछ पुराने दृश्य थे
जो खिड़की से सर निकाल कर
झाँक रहे थे

था मुझे बेहद इस बात का इन्तज़ार
कोई मेरी बाँह पकड़कर पूछे
भाई कहाँ थे इतने दिनों तक
लेकिन यहाँ उलटा ही पूछा जा रहा था-
कहाँ से आए हैं आप

कैंटीन में बैठकर
मैं याद करने लगा
उन पाँच-सात चाय-सिग़रेटखोरों को
जो अब इस इलाक़े की सरहद से बाहर
पोते-पोतियाँ खेला रहे हैं

मैं यहाँ चाय तो पी रहा था
लेकिन इस इलाक़े की परिभाषा से
अब मैं बाहर था

ऐसे कई इलाक़े थे
जिनसे मैं बाहर था

कल, उसके अगले दिन
या कुछ और समय के बाद
दिन लगता है ऐसा आए
मेरी देहरी से आगे
नहीं पहचाने मुझे कोई।

इस साल

इस साल बारिश अच्छी हुई है
बारिश अच्छी हुई तो फ़सल भी अच्छी होगी
ज़रूरी नहीं
फ़सल अच्छी होगी तो ज़रूरी नहीं
रोग नहीं फैलें
और यह बिल्कुल न समझो
भुखमरी का सफ़ाया होगा

आकाश का काम है पानी बरसाना
लिया था जितना धरती से
किया वापस
एक बूँद कम न बेसी...
ऐसा कोई अर्थशास्त्र ख़ुद के लिए
लागू करने में दुनिया रही
असफल।

आक

घूरे पर
आक का झंखाड़ फैल रहा था
ज़मीन वह जैसे पुश्तैनी हो

पत्तों और सफ़ेद फूलों के
झब्बों से झरकर गिरती धूप
जैसे छींटकर जल
घूरे को पवित्र कर रही थी

मोटे काले भौंरे
भनभनाते मँडरा रहे थे
जैसे और नहीं जहान

नष्ट चीज़ों ने
घूरे की सृष्टि की थी
उस सृष्टि की अनमोल सृष्टि था
झंखाड़ आक का

सबकुछ नष्ट होने के बाद भी
वह टिका रहेगा

महाकाल ने यों ही नहीं
पसन्द किए होंगे
उसके फूल!

पुरानी दोस्तियाँ

पराया शहर था
मिला था जहाँ नरेश एक ट्रेनिंग कोर्स में
और उससे अच्छी दोस्ती हो गई थी
घूमने के लिए उसने अपनी दुपहिया मुझे दी थी
और तीन बार कम-से-कम घर खाने पर बुलाया था
दो-एक बार हमने बार और रेस्तराँ के भी मज़े लिये थे
लौटाने दुपहिया जब मैं उसके घर गया था
संयोग से वह नहीं था
लेकिन उसकी पत्नी ने मेरे न-न करने पर भी
चाय पिलाई थी
फिर फ़ोन पर बातें होती रहीं दोनों से अक्सर
लेकिन पता नहीं कब
कैसे तार टूट गया

दोस्ती कहीं भी हो सकती है
और बहुत छोटी-सी मुलाक़ात में भी
यह हो सकती है
लेकिन इसके निशान मिटने का भी
कभी-कभी पता नहीं चलता
कोई कहाँ चला जाता है

यह जानने की हममें से कोई
कम ही उठाता है ज़हमत

कुछ दोस्तों से मिलने को
मन होता है कभी-कभी बेचैन
सोचा कई बार
पता करूँगा
और मिलूँगा उनसे
क़समें खाऊँगा मिलते रहने की
लेकिन सोचते हुए
यह भी जानता हूँ
भूल जाऊँगा सोचा हुआ

टूटी-छूटी पुरानी दोस्तियाँ
यादों में ही करती हैं
निवास।

इसी तरह

जिस सड़क पर फव्वारे की तरह
झर रहा था प्रकाश
सबसे अधिक ख़तरा था उस पर
चलती गाड़ी के भीतर
रेप का

हालाँकि सड़क का एक अर्थ
ख़तरा है
लेकिन चलती गाड़ी में रेप का अर्थ
सड़क है, इस बात ने
ख़तरे की मंज़िल छू ली थी

कभी आसानी से आता था समझ में
यह खड़ी है वकील साहब की फटफटी
वह रही हारो बाबू की पुरानी फीएट
समझा जा सकता था बेखटक
आते-जाते हर-एक आदमी को
उसके पेशे और उसकी नीयत को
सुना जा सकता था कहते हुए
भाई यह अमूक ठठेरा है आगे की गली का
और वह जो चला जा रहा है

काली कमीज़ पहने
नहीं जानते हम उसे
चलो पूछते हैं

ख़तम हो गया है
पास-क़रीब को देखने
और चल कर पूछने का ज़माना
इसलिए ख़तरे को भी समझने का ज़माना
ख़तम हो गया है

इसी तरह—
ख़तम हुआ है
कविता समझने का ज़माना।

इस रात

फ़रवरी का महीना—
यह रात
पिछली रातों के बनिस्बत
सिकुड़ी हुई, और मेरी भुजाएँ
चौड़ी हो गई हैं

प्रेम करने के लिए
देह—
उन्मादित आँखें, और
ख़ून छलकते
होंठ

रगों में बह रहा
छन्द है

इस रात—
ठंड को हमने
कँपा दिया है

लिखता रहूँगा
कई सालों तक
इस रात की
बात।

कल

कल चिलचिलाती धूप में
अपने बचपन के पेड़ के नीचे बैठूँगा
हवा में किसी पुरानी नदी की दस्तक सुनूँगा
उड़ती हुई धूल के साथ
बढ़ जाऊँगा किसी पहचानी हुई गली में

कल शाम के धुँधलके में
टेढ़ी सकरी पगडंडी पर
अकेला चलूँगा
किसी टीले पर बैठकर
दूर से चले आ रहे किसी आदमी के
पास आने का इन्तज़ार करूँगा
ढूँढूँगा उसमें आत्मीय चेहरा
देर से लौटूँगा घर

कल की रात दीवार से पीठ टिकाकर
बदले हैं जितने घर
सबको याद करूँगा
मानो आज नहीं कल
वहाँ लौटूँगा

कल—हाँ कल
एक पल होगा
जिसमें पिछले सारे
कल होंगे।

गरमियों में

पेड़ के नीचे
एक लड़की सुसता रही है
होले होले हिल रहा है उसका
रंगीन दुपट्टा
हिल रही हैं दुपट्टे पर
कढ़े फूल और पत्तियाँ

पसरी हुई है
पेड़ की छाया

पेड़
छाया हुआ है
देह पर

भीने पसीने की गन्ध
छाई हुई है

गिलहरी और तोते की तरह कुतरने
और मधुमक्खी की तरह डंक मारने की मेरी चाह
फलने और पकने की प्रक्रिया का
रूपक बाँध रही है।

पूछते पूछते रह गया

श्मशान गया

जीवन में यह एक काम था
भागमभाग के बीच
सामूहिक सन्नाटे में जाना

श्मशान गया
मृत्यु के पैर चूमे
मैं हाज़िर हूँ

एक ऐसी घड़ी के भीतर हाज़िर था जिसमें से समय और घड़ी ग़ायब थी। बेहद इन्तज़ार था कब दौड़ेगी घड़ी की सूई। मतलब था इसका, मतलब इसका अभी बाक़ी था। धूँ-धूँ जल रही अग्नि जलाने में जिसे नाकाम थी। पँच काष्ठ चिता पर उछालने के बाद घर जाने की जल्दी थी। सात दिन बाद जिन्हें बेटी ब्याहना था, मिलाते हुये हाथ उनसे बाक़ी हाल पूछते-पूछते रह गया।

सवालों की मृत्यु
चेहरों पर पढ़ गया

जैसे मरने वाला गया
श्मशान से अकेले
मैं घर गया।

यात्रा-भय

यात्रा के
कम-से-कम दो दिन पहले से
दिमाग़ में यात्रा चलने लगती है
घर से बाहर क़दम रखूँगा
इस दृश्य के साथ दिखाई देता है
आत्मा निकल रही है
देह से

बूट का साग खाते हुए लगता है
अन्तिम बार खा रहा हूँ
बूट का साग

रोज़ सोता रहा जिस बिस्तर पर
लेटकर उस पर
अलग हो रही है
उसकी अनुभूति

आता है मन में विचार
मेरे घर की चीज़ें
रोज़ रोज़ मेरे देखने के लिए बनी हैं
रोज़ रोज़ मेरे काम में आने के लिए बनी हैं

ये चीज़ें याद करने के लिए नहीं बनी हैं
यह मेरा घर याद करने के लिए नहीं बना है

बैग़ जमाते हुए
भरसक रखता हूँ वैसी चीज़ें
लौटते में जिन्हें फेंका जा सके
देता है जब कोई सलाह
इसे भी ले लो
मैं लगभग चीख़ पड़ता हूँ
उठा ले जाऊँ क्या पूरा घर

जैसे-जैसे चलने का आता है समय
बेचैनी बढ़ने लगती है
क्या सचमुच निकलने वाला हूँ
अपने घर से

अभी क्या बिगड़ा है
टिकट कैंसिल की जा सकती है
दाँत दर्द का बहाना किया जा सकता है
बताया जा सकता है
नहीं आया, गाड़ी छूट गई थी

जितनी यात्राएँ मैंने नहीं की होंगी
पूरे जीवन
किसी एक यात्रा से पहले
कई गुना अधिक भोगी है
मन की भटकन।

यह मैं हूँ सड़क पर

यह मैं हूँ सड़क पर
गाड़ी दौड़ाता हलहलाते हुए
किसी की बगल से निकल जाता हूँ
और देखता हूँ आईने में
पीछेवाले की घायल मुद्रा
डर समाता है कोशिश करेगा वह भी
आगे निकलने की
और खास भीड़ वाली जगह पर
निकलकर आगे
एक पल के लिए रुकेगा
और मारेगा हवा में मुक्का

खेतों में जैसे टँगा होता है डरौना
कुछ देर के लिए पीछेवाला
टँग जाता है मेरे दिमाग़ में
टँग जाती है कुछ देर के लिए
मेरी गति
निकल जाती हैं कई गाड़ियाँ
मुझसे आगे
और मैं मारता हूँ
हवा में मुक्का

यह मैं हूँ सड़क पर
दौड़ता हुआ
घायल।

श्मशान में चीज़ें

वही लकड़ी घी चावल
घड़ा पानी चंदन और धूप
वही देह वस्त्र शय्या नींद
वही आग और होम हवन
वही जला वही साबूत
वही बेटा वही भाई
और वही दोस्त यार
वही हठ से अकड़ा हुआ शरीर
वही थोड़ा वही अधिक
वही सब कुछ
वही कुछ नहीं।

सुख

यह एक बड़े तालाब की तरह है
जो मौसम के हिसाब से
घटता-बढ़ता रहता है
और सूखने से पहले तक
जिसके तल और किनारे होते हैं

पानी सूखने के बाद
शुरू होता है
धूल के कणों का
जीवन

कुछ देर के लिए
धूल के कणों की तरह
यह भी उड़ लेता है
और बिखर जाता है

मरता नहीं
कहीं ठहर जाता है

देह के रोमों में
पुलकते हुए जब लौटता है
दिखाई देता है दिल के आकार की
तैरती मछलियों की तरह।

दुःख

जलते हुए मकान से
प्राणों के निकलने का
केवल रास्ता था

पास का तालाब
सूखा था
धुएँ की उस पर
एक महीन परत
पड़ी थी

इस वक़्त बस
मेहरबानी करके
क़ोई पुकार लेता मुझे
मेरे नाम से।

कहीं नहीं बचा था कोई
[मेरे पिता और विस्मृति रोग]

सतासी की उम्र में
लौटे जब अपने गाँव
हो चुके थे पूरी तरह
विस्मृति रोग के शिकार

सतरह साल शुरुआती
बीते थे अपने गाँव में
उसी समय की कुछ बातें याद थीं
इसीलिए बेटों ने यहाँ पहुँचाया
और भूल गए

थे कुछ लोग गाँव में
याद था जिन्हें इनका नाम
लेकिन क्या सोच पाते होंगे वे भी
यह बूढ़ा कभी यहाँ की गलियों में
चड्ढी पहन कर घूमा होगा

क़ाबिल नहीं बचा था आज बेचारा
चड्ढी पहनने और उतारने के
पोतों-परपोतों को चड्ढी पहना रहे लोग

पुराने समय में जाकर कोशिश करते थे
कुछ याद करने की
मुद्रा झलकती थी जिसमें
भूलने की

कहीं नहीं बचा था कोई
विस्मृति रोग से।

धन्य!

1

कसाईख़ाने की बगल में
एक अध-हरा मैदान है
बकरों के चरने का
हर घंटे कसाई का बेटा उठाता है
किसी तन्दरुस्त बकरे को
बाक़ी बकरे सर झुकाए
चुपचाप घास चरते हैं
जैसे कुछ हुआ ही नहीं

धैर्य है इतना
धन्य!

2

बॉयलर मुर्गे के गले पर
कसाई फेरता है चाकू
मुर्गे की आँखें बन्द रहती हैं
ध्यान-मुद्रा में
निकलती जब धार ख़ून की

फड़फड़ाते हैं
पंख

धन्य
कटने का सुख!

एक राजनीतिक सभा

ग़रीबी से हारी जनता
पूरे मैदान में गेहूँ के दानों की तरह
फैल गई है
उसके भीगने और अकुंरने का
डर है
दौड़ रहीं भकभक लालबत्ती
गाड़ियाँ
धँसा हो जैसे
पेट में छुरा
झंडे साँप की तरह
नाबालिग सदी पर
फन पटक रहे हैं
आदमी की सबसे बुरी नस्ल
चिंघाड़ रही है लाउड स्पीकर पर
राशन बिजली पानी का
चल रहा है नृत्य
अन्तड़ियों से निकलकर
आदमी की भूख
चीख़ रही है—
दिग्विजय! दिग्विजय!!

यहाँ
इस समय
एक परदेसी की तरह
मैं सड़क पार कर रहा हूँ।

क़सीदा कम्युनिज़्म के लिए

[ब्रेख़्त की कविता को एक विनम्र उत्तर]

यह तर्क से तो सही है, लेकिन प्रश्न व्यवहार का है। इसलिए समझना इसे आसान नहीं है। जो शोषक नहीं थे, वे भी इसके निशाने पर आए हैं। इसे जानने की कोशिश में इसी से लोग भटक गए। यह बेवक़ूफ़ी नहीं है, लेकिन बेवक़ूफ़ बनाने का ज़रिया ज़रूर बना है। यह गन्दा नहीं है, लेकिन इसे गन्दा ज़रूर किया गया है। इसलिए शोषक को भी सुविधा होती है इसे अपनाने में। लेकिन यह बिखरा अपने ही अपराध से है। यह पागलपन नहीं, लेकिन इसके पागलपन का भी जवाब नहीं रहा है। यह समाधान है, लेकिन इसे पहेली बनाकर रखा गया। आसानी से इसे आसान मानने की ग़लती की गई, इसीलिए पड़ा यह भारी मुसीबत में।

सोनाराम लोहार से दोस्ती

यह कविता सोनाराम लोहार के लिए है

लोग जैसे अपना संग्रह समर्पित करते हैं
माँ को, जो पढ़ना नहीं जानती
मैं कर रहा हूँ समर्पित यह कविता
सोनाराम लोहार को

हम जिन लोगों को भूल रहे हों
उन्हें कुछ न कुछ समर्पित कर देना चाहिए

सिर्फ़ यह कविता नहीं
जितने बने हैं जीवन में यार-दोस्त
और अपने साहित्यिक बनने को
समर्पित करता हूँ
सोनाराम को

जब लिखने बैठता है कवि
समर्पित ही तो करता है
अपने समय
और उस गुमान को
जिसके कारण उसका लिखना
मुश्किल होता रहा है

मुश्किल हो गया है
आज मेरा लिखना
याद किए बिना कि
वह एक समय था जिसमें
सोनाराम के लिए मुश्किल नहीं था
समय की समस्या को सुलझाना

लुहारी करके और उसकी आठ आने की आय से
थर्ड क्लास में बैठकर बजाते हुए सीटी
सिनेमा देखना—
इससे बेहतर नहीं हो सकती थी
उसके लिए संस्कृति और
समय की कोई समझ

मस्त सीटी बजाता था सोनाराम
दो उंगलियों को घुसेड़ कर मुँह में
गूँज जाता था पूरा हॉल
परदे पर जो नाचती थी हीरोइन
वह संगीत की धुन से अधिक
सोनाराम की सीटियों की आवाज़ पर नाचती थी

सोनाराम करता था लुहारी
हर हफ़्ते देखता था सिनेमा
और वह सिनेमा का एक ऐसा ज़माना था
दोस्ती और मुहब्बत जिसमें
लाँघ गई थी आज़ाद देश की
आर्थिक मजबूरियों को

नहीं देखते थे जो बच्चे सोनाराम की तरह सिनेमा
वे ऐसी पढ़ाई करते थे

पाठ थे जिसमें लोकतंत्र के
लेकिन दोस्ती सिखाने के मामले में
ज़रा कमज़ोर थे

लुहारी कर लेता था सोनाराम अपने बाप के साथ
और करता था मेरे घर का काम
पहुँचाता था मुझे साइकिल से स्कूल
भर रास्ते सुनाता था
क्या क्या था सिनेमा में
क्या थी उसकी कहानी
और कैसा था हीरो
कैसी थी हीरोइन

उसकी सुनाई गई कहानियों का असर था
बहुत मामूली घर के बच्चे
बनते चले गए मेरे दोस्त
जो नहीं कर सकते थे सोनाराम लोहार से दोस्ती
मैं कभी नहीं उनसे ज़्यादा घुलमिल सका

मेरी कविता एक आत्मकथा है
मैं हूँ उसमें कवि और
सोनाराम लोहार

मित्रो!
चलिए आज सिनेमा चलते हैं।

सूनी रातों में

कई जगह रहा
और सुख-दुख झेले
कई वहाँ साथी और शत्रु बनाए
कई घर बदले
कुछ घरों की याद बहुत पुकारती है
कोई-कोई साथी दिखाई देता है
खड़ा, बाँहें फैलाए
कोई-कोई शत्रु क्रोध-मुद्रा में
मुझे ललकारता है

इस सूनी रात में अगर मेरा बस चलता
मैं गाड़ी पकड़ता और कहीं पहुँच गया होता
किसी पहचानी दहलीज़ पर
खड़े होकर चिल्लाता
यह मेरा घर था मेरा घर था
दोस्ती की सौगन्ध खाता
शत्रुता को अन्ज़ाम देता

कुछ जगहें हैं और कई लोग
जिन्होंने अनजाने ही मुझे भोपाल पहुँचाया है
सूनी रातों में मैं उन तक अक्सर पहुँच जाता हूँ।

मेरे पास

मेरे पास
कमरा है बिस्तर है
मेरे पास चुका हुआ स्वप्न है
मेरे पास खोई हुई यादें हैं
रुकी हुई रात है मेरे पास
ठहरी हुई साँस है मेरे पास
बात अन्दर की है मेरे पास
घात बाहर का है मेरे पास
सब कुछ मेरे पास है
कुछ नहीं मेरे पास है
ठंड है बरसात है
और देह है
जनम भर झेलने के लिए।

सड़क सुन्दर कविता है

1

कविता और सड़क में इतनी समानताएँ हैं
गति से लय से कि हमारे होने से
कि कविता की पंक्तियों में भटकते हुए
किसी घुमावदार सड़क पर चलना लगता है
और कभी सड़क पर चलते हुए होता है अनुभव
कई कविताओं से गुज़रने जैसा

आकस्मिकताएँ अनोखी
सड़क पर और कविता में हैं

कुछ भी आए जाए
कुछ से कुछ टकरा जाए

जो पहचाना-सा है
वही नया-सा है
जो अपना-सा है
वही पराया-सा है

सड़क और कविता का मतलब
एक जैसा है

दिखता जहाँ बहुत कुछ है
और कुछ भी कुछ नहीं है।

2

सड़क से गहरा रिश्ता देखा जा सकता है
हमारी हिन्दी कविता का

इलाहाबाद के पथ पर
नहीं छायादार पेड़ देखा निराला ने जिस दिन
वह कविता के एक आन्दोलन के ख़त्म होने का दिन था

तोड़कर पत्थर
सड़क बनाने का काम
एक सुन्दर कविता है...

महाकवि
सीखा तुमसे
सड़क कितनी आनुप्रासिक है!

3

बहुत सारे रास्ते हैं
जीवन के आने जाने के
और बहुत सारे रूपक हैं
इस दुनिया को जानने के
लेकिन सड़क का रूपक इतना माकूल है
कि लिखने के लिए कविता
किनारे सड़क के
एक पेड़ बन जाने की इच्छा होती है।

इस युक्ति से

फ़ुटपाथ पर
ग़रीब औरतें और उनके बच्चे
बेलपत्र धतुरे बेच रहे हैं
शिवजी! तुम्हारा चढ़ावा यह
तुम्हारे ही जंगल से नोच तोड़ कर
बेच रहे हैं पाँच पाँच रुपये में

पाँच पाँच करके
क्या बहुत नहीं हो जाएँगे

हे भोलेनाथ!
पूजा भक्ति पर
विश्वास लोगों का बनाए रखना
इस युक्ति से प्रभु
इन ग़रीबों को जिलाये रखना।

अबकी बार साँची

बादल
मॉनसून के

आकाश
खीर की कटोरी

स्तूप
अन्न से भरी थाली

तोरण
खड़ा भाँप रहा
बेतवा में बढ़ता पानी

अबकी बार साँची
खिला चेहरा बुद्ध का।

शराबी की बीवी

एक दिन क्या आया मन में
शराबी ने शराब छोड़ दी
पहले तो उसकी बीवी ने माना नहीं
लेकिन जब महीनों निकल गए और पी नहीं बूँद भर
बीवी का गया ध्यान उसकी सेहत पर

सुधरती गई जैसे-जैसे सेहत
बीवी देखने लगी बड़े-बड़े सपने
कंगन के लिए जोड़ने लगी पैसे
पहनने लगी साफ़-सुथरी साड़ी
दो बच्चे थे, रखने लगी उनका
ज़्यादा ख़्याल

शराबी
अब शराबी नहीं रहा
उसकी औरत
अब शराबी की बीवी नहीं रही
और इस बात ने
औरत को औरत से अधिक
औरत बना दिया था

भूतपूर्व शराबी की बीवी
लेने लगी आते-जाते लोगों से
सलाह-मशविरा
पूछा एक दिन मुझे अपना समझकर
बैठने पर पेट में हो अकड़न
इसका क्या मतलब होता है
लिवर ख़राब तो नहीं हो गया
मेरी जिज्ञासा थी किसका लिवर और
कब बैठने से

वह मुस्कुराई
जिसमें पतिदेव की छवि थी
और 'बैठने' क्रिया का
खास मतलब था

शराबी के शराब छोड़ने से
उसकी बीवी को
न जाने कैसी-कैसी चिन्ताएँ सताने लगी थीं
शराबी की बीवी होने के दुख से
जिनमें कम दर्द वाली बात नहीं थी।

पूस

धूप से पीठ टिका कर
मैं बैठा

गुनगुनी धूप
चिकोटती हुई बहुत आहिस्ते
युवती-सी...
पहाड़ियों की माला पार करके
नदी और पोखरों में लगाकर डुबकी
काँपती घास और ठिठुरते पेड़ों को छूते हुए
चहकती चिड़ियों के कंठ में बसने के बाद
मेरी पीठ की टेक बन गई

कनपटियों पर लहू चमकने लगा
रोशनी का कतरा लहक के फूटा

धमनियों में दौड़े
कई घुड़सवार
दिक् में काल समान।

माघ

ठंडी हवा
भोर की
नीले अँधेरे में
बेहोश-सी।
ओस-नहाए
पौधे
अपनी श्यामलता में
चमकते हुए
फुरतीली चिड़ियों को
निहारते।
घूमता हुआ
आकाश
गिरने को
बेताब।

उनींदी नदी में
मैं चलता हूँ
नंगे पाँव।

तुम्हारा सुन्दर होना

आँखें तुम्हारी सुन्दर हैं
क्योंकि इन्हें मैंने अपनी आँखों से देखा है—
उड़ते हुए बगुलों की पाँत को जैसे देखा जाता है
और पानी पर तैरती हुई छोटी नाव को जैसे देखा जाता है।
तुम बोलती हो उसमें लुभावन संगीत है
सुनते हैं क्योंकि मेरे कान
तुम्हारी आवाज़ को कई दूसरी आवाज़ों के साथ मिलाकर।
तुम्हारी देह एक असम्भव कला है
जिसे पता करने में मेरी नाक जासूस का काम करती है
सूँघ लेती है वह तुम्हें ज़रा दूर से
किसी विलुप्त फूल की रचना करके।
और एक ज़रूरी तथ्य मेरी चटोर जीभ भी है
तुम्हारे सुन्दर की अनुभूति में—
गुड़ या मदिरा को भुलाकर
लेती है यह तुम्हारा स्वाद।

शुक्रगुजार हूँ मैं सबसे अधिक
इस काग़ज़ और क़लम का,
तुम्हारा सुन्दर होना
इन्हीं से हर बार होता है
कुछ अलग हटकर।

मेरे लिए

लोग खड़े हैं
पान ठेले पर

लोग मेरे लिए खड़े हैं

लोग जा रहे हैं पैदल
कहीं काम पर

लोग मेरे लिए जा रहे हैं

लोग मेरे लिए खेल रहे हैं
लोग मेरे लिए गा रहे हैं
लोग मेरे लिए शोर मचा रहे हैं

बच्चा रो रहा है
मेरे लिए रो रहा है
लड़की हँस रही है
मेरे लिए हँस रही है

मेरे लिए पड़ रही है गरमी
मेरे लिए होने वाली है बारिश

मेरे लिए आने वाली है रत्नागिरी से
आम की पेटी

धत् तेरे की
धोनी आउट
लगाने वाला था वह छक्का
अभी-अभी मेरे लिए।

विस्फोट के बाद

1

मैं बच गया 7/11 के दिन
और यह पहली दफ़ा नहीं है जब मैं बच गया

क्या मैं कविता करने के लिए बच गया
और बाक़ी लोग जो बच गये और कविता नहीं करते
मारे गए लोगों को याद करने के लिए बच गए
और याद करना भी ज़रूरी नहीं समझते जो लोग
आगे के किस दिन के लिए बच गए हैं

बच गए हैं जो लोग
ज़रूर स्वप्न में बच गए हैं।

2

सपने हमें याद दिलाते हैं
... ...

जिन बातों को याद करने से
भागना चाहो

नहीं छोड़तीं वे भी
सपनों का दामन

सपने हमें याद दिलाते हैं
कुछ भी ख़त्म नहीं होता
हमारे ख़त्म होने के बाद भी

जानते हैं बेहतर इस बात को
कुछ सिरफिरे कवि कलाकर
वे रख जाते हैं
अपनी कृतियों में
कोई असमाप्त स्वप्न

और जानते हैं इस बात को उलट कर
हमारे समय के कुछ पागल लोग
भयानक सपनों के बारूद से
वे तैयार करते हैं बम
और उड़ा देते हैं
दुनिया भर की नींद

विस्फोट के बाद
टूटी बिखरी चीज़ें करती हैं प्रश्न
भयानक सपने ही क्यों अंज़ाम तक पहुँचते हैं
इतनी आसानी से

पड़ा रहता है क्यों हाशिए पर
कबीर का कहा
तुलसी का दु:ख सहा!

3

घायल और बच गए लोगों के बीच बैठ कर
मारे गए अनजान लोगों के बारे में सुनते हुए
हम उन लोगों को करते हैं याद
घटनास्थल पर होने की जिनकी सम्भावना थी
और नींद से ज़रा दूर बैठ कर देखने लगते हैं
मारे गए लोगों की पथराई आँखों से
बारूद और बम को ढेर कर देने का सपना।

मैं भूलने लगा था इस नगर का नाम

यहाँ काम करते हुए बरसों से
बस जाने का अब यहीं इरादा किया
पास बैठाकर बीवी बच्चों को
सोचा बहुत
किस इलाक़े में हो अपना घर
दोस्तों ने दिशा बताने में रखा यह ध्यान
दूरी कितनी कम हो उनके घर से
बिल्कुल न हो दूरी उनसे या किसी से
चाहने की यह बात नहीं थी

दूरियों का जिस तरह प्रसार हुआ
नहीं पड़ता फ़र्क़
किसी तरफ़ बढ़ जाने पर—
नगर के नक़्शे और आदमी की सोच में
देखा जा सकता था इसे
साफ़-साफ़

नगर एक विशाल रंगमंच जैसा था
मेरा इरादा
मज़बूत था जो देखने में
भटक रहा था—
सड़कें जिधर चौड़ी हैं

दोनों तरफ़ पेड़ हैं
शुद्ध हवा और कम गहरे में
जहाँ पानी है

किसी एक जगह अपने को खपा देने की तड़प
मृत्यु प्रक्रिया से ज़रा भी कम नहीं

आख़िरी छोर तक जाकर
इरादा मेरा
पुकारे जा रहा था—
क्या इस मकान का रीसेल होना है
क्या यह ज़मीन का टुकड़ा बिकाऊ है

है है है
क़ीमतें बढ़ने का मगर इन्तज़ार है
और आगे बढ़ो
नगर बढ़ रहा है और-और आगे तक
रास्ता नहीं है जहाँ अभी
और लहलहा रही है गेहूँ की फसल
नाले के पास भी बची है
थोड़ी जगह...
इरादे की मगर बात ठहरी
इसे बने रहना चाहिए
सब हो जाएगा आगे

करता है जो तय
सब हो जाएगा आगे
नामुराद मेरा इरादा
चक्कर काटता रहा उसी का

मैं भूलने लगा था इस नगर का नाम।

गिद्ध अन्तिम बार

कहाँ देखा था गिद्ध को
अन्तिम बार...

एक ताज़ा कविता लिखने से पहले
जैसे कई पुरानी कविताओं की पंक्तियाँ याद आती हैं
(और जबरन उन्हें भुलाने का अभिनय करता हूँ)
कि लम्बी कविता से निकाल दी गई पंक्तियों को
किसी और कविता में जगह देने की करता हूँ कोशिश
ऐसे ही किसी विधान से सोच रहा हूँ अभी
कहाँ देखा था गिद्ध को
अन्तिम बार

कैसे होते हैं गिद्ध
यह सवाल
मार रहा है मुझे

बीसियों साल पहले
मैं गया था बिलासपुर
डॉ. कालीचरण के बुलावे पर
रावतों का नाचा देखने

बिलासपुर के एक गाँव में
कई लोगों के साथ गया था मैं देखने
नाचा से पहले रावत लोग
सजाते हैं कितनी मेहनत से देह को
पशु-पक्षियों की शकल में

गाँव का नाम
अब बिल्कुल याद नहीं

क्या गिद्ध उस गाँव की तरह हो गए हैं
जो भुला दिए जाएँ देखने के कुछ सालों बाद

उस गाँव की याद
सभ्यता की देहरी में
किसी अँटकी पड़ी चीज़ के
अनुभव से जुड़ी है
और देखने से बीसियों साल पहले
गिद्धों को

बरगद जैसे गिद्ध
बाबा-पड़दादा जैसे गिद्ध
सजी देह के रावतों जैसे
गिद्ध...

वीराने में
फेंके जाते थे जहाँ मरे ढोर डांगर
ठूठों पर था वहाँ
जमावड़ा उनका

वीतरागी-जैसे
गिद्ध...

हमारे बीच सुन्दर स्त्रियाँ थीं
गिद्धों ने एक पल के लिए भी नहीं देखा उन्हें

गिद्ध-आँखों से देखें तो
मुरदा होना
सबसे सुन्दर होना है

मीलों दूर
छोड़ता है कोई मवेशी आख़िरी साँस
लगा देते हैं गिद्ध
उस दिशा में छलाँग

बरसते हैं जब गिद्ध
तीर की तरह
शिकार के निशाने पर
छिप जाते हैं बाघ भी
झाड़ियों में...

उस शाम
रावतों के नृत्य में
कुछ वैसा ही दृश्य था

बैठा होता उस समय हमारे बीच
कोई पारसी भाई...
मुश्किल ही था बिलासपुर में
किसी पारसी का होना
लेकिन सोचने में क्या हर्ज़ था

गिद्धों के उस लीला नृत्य के बारे में
मरने के बाद एक पारसी की देह
लेती है जिसका मज़ा
हु हु हु होती होगी कितनी गुदगुदी

उस दिन के बाद
नहीं दिखाई पड़े गिद्ध
किसी नाच में भी।